Golwg ar ysgrifennu'n bersonol

Non ap Emlyn

PRIFYSGOL
ABERYSTWYTH

ⓗ Prifysgol Aberystwyth, 2010 ©

Mae hawlfraint ar y deunyddiau hyn ac ni ellir eu hatgynhyrchu na'u cyhoeddi heb ganiatâd perchennog yr hawlfraint.

Cyhoeddwyd gan y Ganolfan Astudiaethau Addysg, Aberystwyth
(www.caa.aber.ac.uk)

Noddwyd gan Lywodraeth Cynulliad Cymru.

ISBN: 978-1-84521-372-5

Awdur: Non ap Emlyn
Paratoi deunydd ar gyfer y wasg: Delyth Ifan
Dylunio: Richard Huw Pritchard
Argraffu: Y Lolfa

Cydnabyddiaethau

Diolch i: Cath Holgate, Gwyneth Price, Delyth Rees ac Angharad Thomas am eu harweiniad gwerthfawr.

Diolch hefyd i athrawon Adrannau'r Gymraeg yn yr ysgolion canlynol am dreialu'r deunydd ac am eu sylwadau adeiladol: Ysgol Uwchradd Caergybi ac Ysgol Uwchradd Penglais, Aberystwyth.

CYNNWYS

RHAGAIR

Mae'r llyfr yma'n mynd i dy helpu di i ysgrifennu'n bersonol.

Mae e'n mynd i wneud i ti feddwl mwy am:

- **BETH** i ysgrifennu
- **SUT** i ysgrifennu.

Mae ymarferion i dy helpu di i:

- feddwl am gynnwys darn
- cynllunio darn
- meddwl am sut i amrywio arddull
- ymarfer dy sgiliau ysgrifennu, e.e. disgrifio, gofyn cwestiynau
- ysgrifennu'n gywir.

Bydd y rhain yn dy helpu di i ysgrifennu'n ddiddorol ac yn gywir. Gobeithio hefyd y byddan nhw'n rhoi hyder i ti wrth i ti fynd ati i ysgrifennu'n bersonol.

Pob hwyl i ti!

Non ap Emlyn
Ebrill 2010

Byddi di'n gweld y logos yma yn y llyfr:

 Ymarfer

 Dyma ychydig o gyngor i ti. 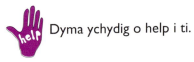 Dyma ychydig o help i ti.

ENWAU

arddull	*style*
brawddeg,-au	*sentence,-s*
cwestiwn, cwestiynau	*question,-s*
cyfle,-oedd	*opportunity, opportunities*
cyngor	*advice*
cynnwys	*content*
darn,-au	*piece,-s* *passage,-s*
dechrau	*beginning*
digwyddiad	*incident, event*
diwedd	*end*
dychymyg	*imagination*
ebychiad,-au	*exclamation,-s*
ffurf,-iau	*form,-s*
profiad,-au	*experience,-s*
pwynt,-iau	*point,-s*
manylyn, manylion	*detail,-s*
math,-au	*kind,-s*
rhestr,-i	*list,-s*
teimlad,-au	*feeling,-s*

BERFENWAU

amrywio	*(to) vary*
canolbwyntio	*(to) concentrate*
cofnodi	*(to) record, note*
creu	*(to) create*
cynllunio	*(to) plan*
cynnwys	*(to) include*
datblygu	*(to) develop*
disgrifio	*(to) describe*
dychmygu	*(to) imagine*
llunio	*(to) create, make*
mynegi	*(to) express*

BERFAU PWYSIG IAWN

Galli di …	*You can …*
Gallet ti …	*You could …*

ANSODDEIRIAU

amrywiol	*varied*
anhygoel	*awesome, amazing, incredible*
trawiadol	*striking*
unigol	*single, singular*
lluosog	*plural*

YSGRIFENNU'N BERSONOL

Mae ysgrifennu darn personol yn debyg i reidio beic neu yrru car.
Ti sy'n penderfynu ble rwyt ti'n mynd!

Ti sy'n penderfynu:

- **beth** rwyt ti'n mynd i ysgrifennu
- **sut** rwyt ti'n mynd i ysgrifennu.

Beth ydy ysgrifennu'n bersonol?

Mae cliw yn y gair 'personol'.

Os wyt ti'n ysgrifennu'n bersonol, rwyt ti'n ysgrifennu **amdanat ti dy hun**, e.e. am rywbeth sy wedi digwydd i ti neu am deimlad arbennig.

Y gair mwya pwysig, felly ydy:

FI neu **I**

Gwelais i …

Clywais i …

Roeddwn i'n gweithio yn y siop y dydd Sadwrn yna.

Roedd ofn arna i.

Roeddwn i'n wên o glust i glust.

Ryw ddiwrnod, bydda i'n … efallai.

Hoffwn i …

Pobl eraill?

Mae'n bosib sôn am bobl eraill, wrth gwrs, ond maen nhw yno achos maen nhw'n rhan o **dy** hanes **di**.

sôn am	*(to) mention*
rhan	*part*

BETH?

Weithiau, mae'n anodd cael syniad!

O ble mae cael syniadau?

Mae'n bosib ysgrifennu'n bersonol am bethau sy'n digwydd i ti, am dy brofiadau di. Dyma **rai** syniadau:

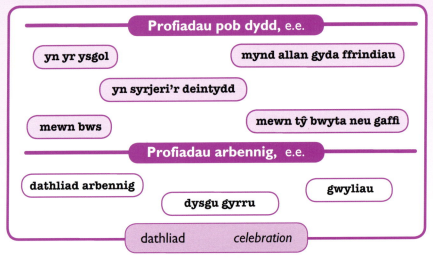

Digwyddiad arbennig, e.e.

digwyddiad mewn ciw yn yr archfarchnad

digwyddiad yn yr ysgol

digwyddiad mewn parti

digwyddiad ar wyliau

Teimladau arbennig, e.e.

hapusrwydd

tristwch

siom

teimlo'n ddiflas

teimlo'n flin / grac

Pobl arbennig, e.e.

ffrindiau

teulu

dieithryn, dieithriaid

Hefyd:

rhywbeth mae rhywun yn ei wneud

rhywbeth mae rhywun yn ei ddweud

rhywbeth rwyt ti'n ei weld

rhywbeth rwyt ti'n ei glywed

dieithryn, dieithriaid   *stranger,-s*

Does dim rhaid cael profiadau anhygoel i fedru ysgrifennu darn da, felly! Beth sy'n bwysig ydy gweld y potensial mewn rhywbeth sy'n digwydd go iawn.

Yn y llyfr **Ffuglen a Ffaith**, mae Eleri Llewelyn Morris yn dangos sut cafodd un nofelydd syniad am ysgrifennu nofel wrth iddi deithio mewn bws:

> *Cafodd un ferch syniad am nofel pan oedd hi'n mynd i'r dref yn y bws. Arhosodd y bws wrth ddod at oleuadau traffig. Roedd mynwent yn ymyl. Gwelodd y ferch ddyn yn dod allan o'r fynwent. Roedd yn cario blodau - blodau ffres.*
> *Dyma'r ferch yn dechrau meddwl:*
>
> *Dyna od! Dyn yn dod **allan** o fynwent yn cario blodau. Pam tybed?*
>
> *Trodd y golau coch yn wyrdd a dyna'r bws yn mynd. Welodd y ferch mo'r dyn hwnnw byth wedyn. Doedd hi ddim yn gwybod pam roedd e'n dod â'r blodau allan o'r fynwent.*
> *Ond, doedd dim ots. Roedd hi wedi teimlo chwilfrydedd. Defnyddiodd hi ei dychymyg ac ysgrifennodd nofel.*
>
> Eleri Llewelyn Morris, Eirlys Pugh Roberts, *Ffuglen a Ffaith*, CAA, 2002, tud. 6

Doedd yr awdur yma ddim yn gwneud dim byd arbennig iawn y diwrnod yna. Roedd hi'n teithio mewn bws – fel llawer o bobl eraill – ond gwelodd hi fod potensial mewn rhywbeth roedd hi wedi ei weld ac aeth hi ati, wedyn, i feddwl mwy am y digwyddiad, i gynllunio ac i ysgrifennu.

potensial	*potential*
go iawn	*in reality, real*
nofelydd	*novelist*
mynwent	*cemetery*
chwilfrydedd	*curiosity*

Yn yr un llyfr, mae Eleri Llewelyn Morris yn dweud ei bod hi weithiau'n cael syniad am stori ar ôl clywed rhywbeth.

> *Derbyniais focs o fath ciwbs yn anrheg Nadolig. Er eu bod wedi eu lapio'n grand mewn papur Nadolig coch a gwyrdd, roedd y bath ciwbs eu hunain yn edrych yn hen ac yn hyll. Doedden nhw ddim yn dathlu eu Nadolig cyntaf ar y ddaear, yn amlwg!*
>
> *Fe es i â nhw i'w dangos i Mam. Chwerthin wnaeth Mam. "Wel, wir," meddai hi, "tasai'r bath ciwbs yma'n gallu siarad, mae'n siŵr y basai ganddyn nhw stori ddifyr iawn i'w dweud!" Y funud y dywedodd hi hynny, fe ges i syniad am stori fer ar ffurf hunangofiant bath ciwb.*
>
> Eleri Llewelyn Morris, Eirlys Pugh Roberts, *Ffuglen a Ffaith*, CAA, 2002, tud. 18

Eto, doedd dim byd yn arbennig iawn am y digwyddiad – dim ond bod yr awdur wedi gweld potensial yma ar gyfer stori.

Mae'r un peth yn wir am y syniadau ar dudalennau 8-9. Mae llawer o bobl yn cael y profiadau yma, ond mae profiadau pobl yn gallu bod yn wahanol. Rhaid gweld y potensial mewn profiad ac yna defnyddio'r dychymyg ac ysgrifennu'n ddiddorol amdano.

eu hunain	*themselves*
ar y ddaear	*on earth*
yn amlwg	*obviously*
tasai …	*if … could …*
difyr	*interesting*
hunangofiant	*autobiography*

Dychmyga fod rhaid i ti ysgrifennu am ymweliad â lle diddorol.

Os wyt ti'n gallu meddwl am le da, grêt!

Os dwyt ti **ddim** yn gallu meddwl am le diddorol, gallet ti ddefnyddio llun o le a dychmygu'r profiad o fynd yno.

| ymweliad | *visit* |

Gallet ti ganolbwyntio ar:

- **beth** (e.e. beth sy yn y llun)
- **ble** (e.e. ble mae'r lle yn y llun)
- **pryd** (e.e. dychmyga pryd est ti – yn yr haf? yn y gaeaf?)
- **pam** (e.e. pam est ti yno)
- **gyda pwy / efo pwy** (gyda pwy est ti)
- **beth ddigwyddodd**
- **sut roeddet ti'n teimlo**
- **disgrifiadau.**

Gallet ti ddefnyddio'r pwyntiau bwled yma i dy helpu di i ddatblygu syniadau bob tro rwyt ti'n ysgrifennu'n bersonol.

Beth am ysgrifennu am ymweliad â lle diddorol?
Defnyddia lun i dy helpu di i gael syniadau, os wyt ti eisiau.
Cofnoda dy syniadau cyn dechrau ysgrifennu.

Fyddi di ddim yn gallu defnyddio llun yn yr arholiad, wrth gwrs, ond mae'n gallu dy helpu di wrth i ti ymarfer y sgil o ysgrifennu'n bersonol nawr.

ymarfer	(to) practise

Mae'n bosib defnyddio gwybodaeth o raglen deledu i dy helpu di hefyd.

Dychmyga, er enghraifft, fod rhaid i ti ysgrifennu am rywbryd pan oeddet ti'n teimlo'n ofnus. Does dim pwynt dweud:

OND DW I DDIM WEDI TEIMLO'N OFNUS ERIOED!

Gallet ti ddefnyddio rhywbeth rwyt ti wedi ei weld ar raglen deledu, neu rywbeth rwyt ti wedi ei ddarllen mewn llyfr efallai, i dy helpu di.

1. Gwylia'r clip 'Ysbrydion' ar y DVD *Cip ar Glip*.
2. Ateba'r cwestiynau yma:
   a. Pam mae Rhodri Jones yn meddwl bod ysbrydion yn y tŷ? Gwna restr.
   b. Sut le ydy tu mewn i'r tŷ? Ysgrifenna eiriau i ddisgrifio'r tŷ.
   c. Edrycha'n ofalus ar y clip sy'n dangos tu allan i'r tŷ yn ystod y nos. Ysgrifenna eiriau a brawddegau i ddisgrifio'r tŷ.

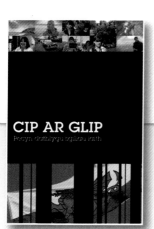

CIP AR GLIP
Porsyn datblygu sgiliau iaith

Nawr, dychmyga fynd i aros yn y tŷ yma dros nos.
Defnyddia'r wybodaeth uchod i dy helpu di i ysgrifennu am y profiad.

yn ofnus	*frightened*
ddim … erioed	*never*
ysbrydion	*ghosts*

Y gwir … a dim ond y gwir? NA!

Cofia, mae ysgrifennu darn personol yn debyg i reidio beic – ti sy'n penderfynu BETH rwyt ti'n ysgrifennu.

Os wyt ti eisiau, galli di newid y profiad neu ychwanegu ato – er mwyn ei wneud yn fwy diddorol.

Dychmyga fod rhaid i ti ysgrifennu am y profiad o gael siom.
Beth wyt ti'n mynd i ysgrifennu amdano?

1 Meddylia am brofiadau siomedig rwyt ti wedi eu cael, e.e.

colli cariad   **colli gêm**   **colli ffrind**

Gwna restr.

2 Dewisa'r syniad gorau – yr un galli di ysgrifennu orau amdano.

3 Cofnoda'r prif bwyntiau – defnyddia'r pwyntiau ar dudalen 13 i dy helpu di os wyt ti eisiau.

y gwir	*the truth*
newid	*(to) change*
ychwanegu at	*(to) add to*
siom	*disappointment*
canlyniad	*result*
siomedig	*disappointing*

Penderfynodd un person ifanc a gafodd y dasg yma ysgrifennu am geisio am swydd ran-amser a'r siom o beidio â chael y swydd.

Dyma'r gwir:

- Gweld hysbyseb mewn siop bapur newydd am swydd ran-amser
- Mynd adre a meddwl, "Dw i eisiau'r swydd – dw i eisiau arian!"
- Mynd i ofyn yn y siop am y swydd
- Y perchennog yn dweud, "Mae'n ddrwg gen i ond mae rhywun arall wedi cael y swydd."
- Siom ofnadwy

Mae'r syniad yn un da.

Ond wrth ysgrifennu, rhaid i'r person ifanc wneud yn siŵr ei fod yn
- ysgrifennu darn diddorol
- mynegi teimladau
- creu cyfleoedd i ddangos beth mae e'n gallu ei wneud yn Gymraeg, h.y. gwneud cyfleoedd i ddangos gwahanol fathau o arddull, e.e.
  - cwestiynau ac atebion
  - ebychiadau
  - gwahanol amserau'r ferf
    ac ati.

| perchennog | *owner* |

Felly, beth am addasu'r gwir ychydig?

Beth am …?

- Gweld hysbyseb mewn archfarchnad am swydd ran-amser
- Mynd adre a meddwl, "Dw i eisiau'r swydd – dw i eisiau arian!"
- Anfon CV ac aros am ateb – cerdded adre o'r ysgol bob nos yn meddwl, "Ydy'r postman wedi dod â llythyr i fi o'r archfarchnad?"; yna un diwrnod, cael gwahoddiad i gyfweliad
- Mynd i'r archfarchnad, cerdded drwy'r siop i'r swyddfa yn y cefn, teimlo'n nerfus
- Cael cyfweliad – dyn canol oed a merch ifanc yn cyfweld
- Aros yn y coridor gyda 2 berson arall sy wedi cael cyfweliad. Ddim yn cael y swydd – cael siom ofnadwy. Tro ar y diwedd efallai?

Ateba'r cwestiynau yma.

1. Sut mae'r ddau hanes yn debyg / yn wahanol?
2. Pa un sy fwya diddorol? Pam?
3. Pa un sy'n rhoi'r cyfleoedd gorau ar gyfer disgrifio teimladau? Pa deimladau?
4. Pa un sy'n rhoi'r cyfleoedd gorau ar gyfer disgrifio? Disgrifio beth / pwy?
5. Mae'r cyfweliad yn cynnig cyfle i ti ddangos beth rwyt ti'n gallu ei wneud yn Gymraeg. Beth yn arbennig?

Wyt ti'n gallu gwella dy syniadau di ar gyfer y darn am brofiad siomedig, (tud. 15)?

tro ar y diwedd   *twist at the end*

Teimladau

Os wyt ti'n ysgrifennu'n bersonol, dylet ti ddangos dy deimladau di.

Edrycha ar y geiriau a'r ymadroddion yma.

yn hapus

yn llawen

â 'mhen yn fy mhlu

mor llawen â'r gog

yn drist

yn ddigalon

yn wên o glust i glust

yn siomedig

gwenu

crïo / llefain

gwgu

chwerthin

wrth fy modd

deigryn / dagrau

yn ddiflas

Wyt ti'n gwybod ystyr pob un? Os dwyt ti ddim, edrycha yn y geiriadur a dysga'r geiriau.

Gwna ddwy golofn:

Hapus

Trist

Rhestra'r geiriau a'r ymadroddion uchod o dan **Hapus** neu **Trist**.

Alli di ychwanegu at y rhestr?

Defnyddia rai o'r geiriau yma pan fyddi di'n ysgrifennu'n bersonol.

ychwanegu at   *(to) add to*

Mae mynegi teimladau yn gwneud darn yn fwy real, yn fwy diddorol ac yn fwy personol.

Cymhara'r ddau ddarn yma gan berson ifanc sy'n sôn am barti pen-blwydd yn 18 oed.

Darn 1
Cerddais i tuag at yr ystafell gyda fy ffrindiau gorau. Roedden nhw'n chwerthin ac yn sibrwd.
"Beth sy'n bod arnoch chi?" gofynnais i.
"Dim byd!" atebon nhw.

Yna, agorais i'r drws. Roedd pob man yn dawel ac yn dywyll. Yn sydyn, daeth y golau ymlaen a chlywais i bobl yn gweiddi, "Pen-blwydd hapus!". Roedd pawb yno – fy nheulu a fy ffrindiau!

Darn 2
Roeddwn i'n teimlo'n eitha nerfus wrth i fi gerdded tuag at yr ystafell gyda fy ffrindiau gorau. Roeddwn i'n gwybod bod rhywbeth yn mynd i ddigwydd achos roedden nhw'n chwerthin ac yn sibrwd yn gyffrous.
"Beth sy'n bod arnoch chi?" gofynnais i, yn dechrau colli fy amynedd.
"Dim byd!" sgrechion nhw nerth eu pennau.

Beth oedd yn digwydd? Yna, agorais i'r drws. Roedd pob man yn dawel ac yn dywyll. Yn sydyn, daeth y golau ymlaen a chlywais i bobl yn gweiddi'n llawen, "Pen-blwydd hapus!". Doeddwn i ddim yn gallu credu'r peth! Roedd pawb yno - fy nheulu a fy ffrindiau! Am syrpreis bendigedig!

1️⃣ Pa ddarn ydy'r gorau? Pam?
2️⃣ Tanlinella'r geiriau a'r ymadroddion sy'n helpu i wneud un yn well na'r un arall.

sibrwd	*(to) whisper*	nerth eu pennau	*at the top of their voices*
pob man	*everywhere*	credu	*(to) believe*
yn dywyll	*dark*	colli fy amynedd	*(to) lose my patience*

Darllena'r darn yma am berson ifanc yn aros am ffrind ar noson dywyll.

Roedd Lee a fi i fod i gyfarfod am wyth o'r gloch tu allan i Neuadd y Dre. Yna, roedden ni'n mynd i fynd i'r clwb i gyfarfod â Sam a Lyn.

Cyrhaeddais i am wyth o'r gloch yn union ond doedd Lee ddim yno. Arhosais i am ddeg munud. Ond ddaeth Lee ddim.

Ar ochr arall y ffordd, roedd dau berson yn eistedd mewn car. Roedden nhw'n edrych arna i. Cymerais i fy ffôn symudol o fy mhoced a dechreuais i ddeialu. Dim byd! Roedd y batri'n fflat.

Cerddais i i lawr y ffordd. Clywais i injan y car yn dechrau …

1. Sut byddai'r person yma'n teimlo, tybed?
2. Gwna restr o eiriau i ddangos y teimladau hyn.
3. Ail-ysgrifenna'r darn ond y tro yma, rhaid i ti ddangos sut mae'r person yn teimlo.

   Defnyddia'r geiriau rwyt ti wedi eu rhestru.

   Galli di newid y brawddegau hefyd os wyt ti eisiau, e.e. drwy
   - ychwanegu ebychiadau
   - gofyn cwestiynau

   ac ati.

yn union	*exactly*
deialu	*(to) dial*

Gallai cwestiwn arholiad ofyn yn benodol i ti sôn am deimlad arbennig, e.e.

> Gan ysgrifennu'n bersonol, disgrifiwch unrhyw dro pan oeddech chi'n teimlo'n hapus dros ben. Cofiwch ddisgrifio'r profiad yn ofalus. Ysgrifennwch tuag un ochr tudalen.

Sylwa'n arbennig ar y geiriau "**pan oeddech chi**". Rhaid i ti ysgrifennu am rywbeth yn y gorffennol!

Rhaid i ti feddwl am y dasg uchod.

Oes syniad yn dy daro di ar unwaith?
Os oes, gwych!
Ysgrifenna bwyntiau bwled i gofnodi'r prif bwyntiau a'r manylion (tud. 13).

Os does gen ti ddim syniad, defnyddia neu newidia'r syniadau ar dudalennau 8-9, ond rhaid i ti feddwl am y manylion. Yna, ychwanega at y syniad, os oes angen (tud. 15).

Ysgrifenna bwyntiau bwled i gofnodi'r prif bwyntiau a'r manylion.

Cyn ysgrifennu, bydd rhaid i ti gael trefn ar y pwyntiau bwled yma – bydd rhaid i ti gynllunio. Mae mwy o help ar gyfer cynllunio ar dud. 28-38.

taro	*(to) strike*
cofnodi	*(to) record*
cael trefn ar	*(to) organize*

Galli di fynegi barn yn dy waith, os wyt ti eisiau, ond does dim rhaid i ti!

Darllena'r darn yma gan berson ifanc sy'n mynd allan i ddisgo ar nos Wener.

Wrth i fi nesáu at y neuadd, roeddwn i'n gallu gweld grŵp o bedair o ferched ifanc yn ysmygu. Roedden nhw'n ceisio edrych yn "cŵl" ac yn "aeddfed", yn dal eu sigaréts. Ond i fi, "gwirion" oedden nhw achos roedd pob un yn ysmygu er mwyn cael ei derbyn yn aelod o'r gang.

Dyma ddarn gan berson ifanc sy'n dysgu gyrru.

Roedd popeth yn mynd yn iawn. Roeddwn i wedi dechrau'r car hanner ffordd i fyny bryn; roeddwn i wedi parcio rhwng dau gar arall. Grêt! Nawr, roeddwn i'n gyrru ar y ffordd eto.

Gwelais i Ffion yn cerdded ar ochr y ffordd. Dechreuais i agor y ffenest i weiddi arni hi a dyna pryd dechreuodd y car fynd tuag at y clawdd ar ochr chwith y ffordd. "Stopiaaaaaaaaaaaaaaaaaa!" gwaeddodd Mam. "Beth wyt ti'n wneud?" a dechreuodd weiddi a sgrechian mewn panig. Stopiais i'r car – jyst cyn gyrru i mewn i'r clawdd. Roedd Mam yn wyn fel eira! Yna, yn sydyn reit, dechreuodd hi ddweud y drefn wrtho i! Roedd hi'n flin iawn, iawn. Ond dyna fe, Mam ydy Mam, a dydy mamau a thadau ddim yn gwneud athrawon gyrru da iawn. Maen nhw'n rhy nerfus ac maen nhw'n meddwl o hyd am beth allai ddigwydd. Mae hyfforddwr gyrru, ar y llaw arall, yn llawer mwy amyneddgar!

nesáu at	(to) approach	sgrechian	(to) scream
aeddfed	mature	hyfforddwr, hyfforddwyr	instructor,-s
anaeddfed	immature	ar y llaw arall	on the other hand
clawdd	hedge	amyneddgar	patient

Yn y ddau ddarn yma, mae'r awdur wedi cyflwyno'i farn bersonol fel rhan o'r hanes.

Yn y darn cyntaf, mae'n sôn am fynd allan, gweld grŵp o ferched yn ysmygu, ac yna mae'n dweud bod ysmygu er mwyn ceisio bod yn aelod o'r gang yn wirion.

Yn yr ail ddarn, mae'r awdur yn ysgrifennu am ddysgu gyrru, ac fel rhan o'r hanes, mae'n mynegi barn am rieni fel athrawon gyrru.

Yr hanes sy'n bwysig – mae'r farn yn rhan ohono.

Yn y darn cyntaf, mae'r awdur yn mynegi barn drwy ddweud:

I FI ...

Yn yr ail ddarn, mae'n gwneud gosodiad:

... DYDY MAMAU A THADAU DDIM YN GWNEUD ATHRAWON GYRRU DA IAWN.

Rhestra ffyrdd eraill o fynegi barn.

gosodiad   *statement*

Ysgrifennu'n dda

Pan fyddi di'n meddwl …

AM BETH YDW I'N MYND I YSGRIFENNU?

… gofynna'r cwestiwn yma hefyd:

AM BETH YDW I'N GALLU YSGRIFENNU'N DDA?

Pan fyddi di'n ysgrifennu'n bersonol, ceisia ddangos pa mor dda wyt ti am ysgrifennu yn Gymraeg.

tips

Dangosa beth rwyt ti'n gallu ei wneud yn Gymraeg!

| pa mor dda | *how good* |

Felly, rhaid i ti ddewis yn ofalus beth rwyt ti'n ysgrifennu amdano.

Efallai dy fod ti wedi cael profiad anhygoel. Efallai dy fod ti wedi bod mewn roced i'r lleuad un prynhawn dydd Sadwrn braf ym mis Medi ...

... OND ...

... os dwyt ti ddim yn gwybod digon o eirfa am y pwnc, paid ag ysgrifennu amdano yn yr arholiad. Mae'n iawn fel gwaith cartref, achos galli di chwilio am eiriau a'u dysgu nhw!

Yn yr arholiad, byddai'n well ysgrifennu **YN DDA** ac **YN DDIDDOROL** am drip i lan y môr neu barc thema na mynd i'r gofod – os dwyt ti ddim yn gwybod y geiriau!

Bydda'n realistig!

Taith anhygoel

roced
teithio
tywyll
teimladau – ofnus,
nerfus, cyffrous

Taith anhygoel

gweld – reids – mawr,
bach, uchel, lliwgar
clywed – cerddoriaeth,
gweiddi
arogli – bwyd, olew
teimlo'n ofnus, nerfus,
cyffrous ...

I grynhoi ...

Hyd yma, rydyn ni wedi meddwl am nifer o bethau i dy helpu di i benderfynu **BETH** rwyt ti'n mynd i ysgrifennu amdano.

Y peth pwysig ydy:

Bydda'n bositif!

Paid â dweud:

DW I DDIM YN GWYBOD BETH I YSGRIFENNU AMDANO. DOES DIM BYD DIDDOROL WEDI DIGWYDD I FI!

Mae'n bosib ysgrifennu'n bersonol am unrhyw beth, bron, ond i ti weld y potensial a defnyddio dy ddychymyg.

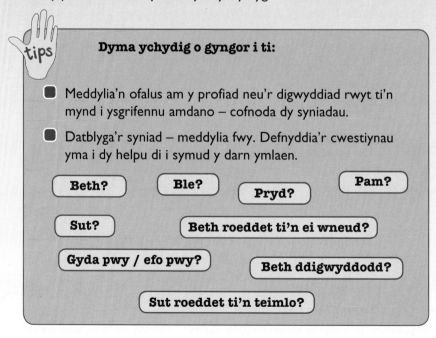

tips

Dyma ychydig o gyngor i ti:

- ◼ Meddylia'n ofalus am y profiad neu'r digwyddiad rwyt ti'n mynd i ysgrifennu amdano – cofnoda dy syniadau.

- ◼ Datblyga'r syniad – meddylia fwy. Defnyddia'r cwestiynau yma i dy helpu di i symud y darn ymlaen.

Beth?   **Ble?**   **Pryd?**   **Pam?**

Sut?   **Beth roeddet ti'n ei wneud?**

Gyda pwy / efo pwy?   **Beth ddigwyddodd?**

Sut roeddet ti'n teimlo?

- Ceisia ddweud rhywbeth diddorol. Os wyt ti'n ysgrifennu am ddigwyddiad yn yr ysgol, er enghraifft, paid â sôn am hoff bynciau, gwisg ysgol, cinio ysgol ac ati – oni bai bod y rhain yn bwysig i'r darn.

- Disgrifia sut rwyt ti'n teimlo. Mae hyn yn gallu gwneud darn yn ddiddorol.

- Cofia ddisgrifio, e.e. lle, person, ac ati.

- Defnyddia bethau eraill i dy helpu di – lluniau, cerddoriaeth, DVD, darn mewn llyfr, os oes angen.

- Defnyddia dy ddychymyg.

Hefyd …

- Os wyt ti'n gallu, beth am ddod â thipyn o hiwmor i mewn i'r darn?

Ond cofia hefyd …

Bydda'n realistig!

Profiad personol

Meddylia am brofiad neu ddigwyddiad yn dy fywyd gallet ti ysgrifennu'n DDIDDOROL amdano.

Meddylia am y manylion a sut roeddet ti'n teimlo.

Galli di:
- newid neu ychwanegu at y profiad, os wyt ti eisiau
- defnyddio pethau eraill, fel rhan o raglen deledu neu lyfr, i dy helpu di i ysgrifennu, os wyt ti eisiau.

Cofnoda dy syniadau.

BETH NESAF?

Hyd yma, rydyn ni wedi bod yn ystyried y cynnwys – **BETH** i ysgrifennu.

Beth nesaf?

HEB OS NAC ONI BAI ...

> # Cynllunio! Cynllunio! Cynllunio!

Dyma'r peth **MWYA PWYSIG** wrth ysgrifennu'n bersonol – neu wrth wneud unrhyw ddarn o waith ysgrifennu!

Dyma fe unwaith eto!

> # Cynllunio! Cynllunio! Cynllunio!

Os wyt ti'n cynllunio'n dda:

- mae'r broses o ysgrifennu'n cymryd llai o amser. Ar ôl cynllunio, dwyt ti ddim yn gorfod meddwl am **beth** rwyt ti'n mynd i ysgrifennu – rwyt ti'n gallu canolbwyntio ar **sut** i ysgrifennu!

ac

- mae dy waith di'n well o lawer:
  - mae'n drefnus
  - mae'n symud o'r dechrau, drwy'r canol at y diwedd
  - dwyt ti ddim yn mynd i ailadrodd dy hun
  - mae dy waith di'n fwy cywir – achos rwyt ti'n gallu canolbwyntio ar sut i ysgrifennu!

hyd yma	*so far*	gorfod	*(to) have to*
heb os nac oni bai	*without a doubt*	yn drefnus	*organized*
cynllunio	*(to) plan*	ailadrodd	*(to) repeat*

CYNLLUNIO DA!

DIM CYNLLUNIO!

Yn aml iawn, mae pobl sy ddim yn cynllunio:

- yn gwastraffu amser – ar ôl dechrau rhaid iddyn nhw stopio, meddwl am beth maen nhw'n mynd i ysgrifennu, croesi popeth allan a dechrau eto

a

- dydy eu gwaith nhw ddim yn drefnus
  - mae e dros bob man
  - maen nhw'n ailadrodd eu hunain mewn paragraffau gwahanol
  - dydy'r gwaith ddim mor gywir - maen nhw'n meddwl am beth i'w ysgrifennu yn lle canolbwyntio ar yr iaith.

gwastraffu	(to) waste
dros bob man	all over the place

Cynllunio

Dydy cynllunio ddim yn cymryd amser hir ond mae'n gallu arbed llawer o amser i ti wrth ysgrifennu.

Wrth gynllunio, dylet ti feddwl am:

y dechrau

y syniadau'n dilyn ei gilydd yn naturiol – mewn paragraffau

y diwedd

Dyma'r syniad ar gyfer y darn am brofiad siomedig (tud. 17). Ysgrifenna nhw yn y drefn gywir.

Dechrau da

Paragraff: cyfweliad – dyn canol oed + merch ifanc

Diwedd da

Paragraff: mynd adre a meddwl – eisiau'r swydd, ysgrifennu'r CV

Paragraff: aros am lythyr / gwahoddiad o'r archfarchnad

arbed	*(to) save*
yn naturiol	*naturally*

Mae'r cynllun yma'n dangos y cynnwys yn unig, ond galli di gynnwys rhai syniadau am iaith hefyd, e.e.

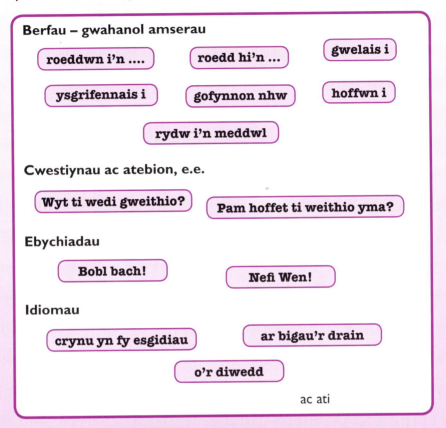

Berfau – gwahanol amserau

roeddwn i'n ....

roedd hi'n ...

gwelais i

ysgrifennais i

gofynnon nhw

hoffwn i

rydw i'n meddwl

Cwestiynau ac atebion, e.e.

Wyt ti wedi gweithio?

Pam hoffet ti weithio yma?

Ebychiadau

Bobl bach!

Nefi Wen!

Idiomau

crynu yn fy esgidiau

ar bigau'r drain

o'r diwedd

ac ati

tips

Pan fyddi di'n ysgrifennu'n bersonol gartref, galli di ysgrifennu cynllun manwl iawn os wyt ti eisiau.
OND ...

... mewn arholiad, **RHAID** i ti amseru dy hun!
Galli di dreulio tua 5 munud yn cynllunio, efallai, ond yna rhaid i ti ysgrifennu, gan ddefnyddio dy gynllun drwy'r amser.

ebychiadau	*exclamations*	amseru dy hun	*(to) time yourself*
o'r diwedd	*at last*	treulio	*(to) spend (time)*
manwl	*detailed*		

Gan mai ti sy'n penderfynu **SUT** rwyt ti'n ysgrifennu, galli di ddefnyddio gwahanol fathau o iaith.

Gwna gyfleoedd i ddefnyddio gwahanol fathau o iaith. Dangosa beth rwyt ti'n gallu ei wneud yn Gymraeg!

Dyma sut mae'r person ifanc yn cynllunio'i ddarn am brofiad siomedig (tud. 17 a 30). Dydy'r cynllun ddim yn dangos pob gair, pob berf ac ati, ond mae'n cynnwys rhai pethau pwysig mae'r person ifanc eisiau eu cynnwys – i ddangos ei fod e'n gallu ysgrifennu'n dda yn Gymraeg.

Beth?	Sut?
Dechrau da	"Beth ar y ddaear …?" Tywydd gwlyb a diflas – teimlo'n ddiflas
Paragraff 1: • Gweld hysbyseb	Hysbyseb – papur gwyrdd Yn eisiau … Ansoddeiriau – dymunol, cymdeithasol Amser – oriau gwaith Cyflog
Paragraff 2: • Mynd adre a meddwl – eisiau'r swydd, ysgrifennu'r CV	Deialog – gyda Mam "Ga i …?" "Cei, wrth gwrs". Roedd rhaid i fi feddwl yn galed am beth i'w ysgrifennu ar y CV.
Paragraff 3: • Aros am ateb – yn y diwedd, gwahoddiad yn dod	Ar bigau'r drain "Oes llythyr i fi?" "Nac oes, mae'n ddrwg gen i." O'r diwedd, "Oes, dyma ti."

beth ar y ddaear?	*what on earth?*
dymunol	*pleasant*
cymdeithasol	*sociable*

Paragraff 4: • Cyrraedd – teimlo'n nerfus	Roeddwn i'n teimlo'n … wrth i fi gerdded drwy'r … Disgrifio'r archfarchnad, pobl yn edrych arna i yn fy nillad smart Yna, cyrhaeddais i'r swyddfa. "Eisteddwch yma!" dywedodd …
Paragraff 5: • Cyfweliad – dyn + merch ifanc	O'r diwedd, ces i wahoddiad i fynd i mewn. Disgrifio'r bobl Ambell gwestiwn, e.e. "Oes profiad gyda chi?" "Pam hoffech chi weithio yma?" Roeddwn i'n nerfus i ddechrau ond o dipyn i beth, des i i deimlo'n fwy hyderus. Ac yna, roedd y cyfweliad drosodd.
Paragraff 6: • Aros - siom	Roedd tri ohonon ni'n aros. "John Smith, dewch i mewn." "Mae'n ddrwg gen i …"
Diwedd da	Siomedig dros ben - mynd adre â 'mhen yn fy mhlu, teimlo fel crïo Deialog gyda Mam a ffrind dros y ffôn – teimlo'n drist Tro ar y diwedd? Dim mwy o ddyddiau Sadwrn gwlyb felly!

Profiad personol

Gan ddefnyddio'r profiad diddorol meddyliaist ti amdano ar dud. 27, cynllunia sut byddet ti'n ysgrifennu'r darn. Dylet ti symud yn drefnus o bwynt i bwynt drwy'r gwaith.

Meddylia am y cynnwys. Yna, ar ôl bod drwy'r tudalennau nesaf, galli di gynnwys mwy o syniadau am yr iaith.

o dipyn i beth   *little by little*

Dechrau … canol … a diwedd

Y dechrau

Dyma sut dechreuodd y person ifanc y darn am brofiad siomedig (tud. 32):

Beth ar y ddaear roeddwn i'n mynd i wneud heddiw? Roedd hi'n ddydd Sadwrn gwlyb ym mis Hydref – roedd hi'n arllwys y glaw – ac roedd fy ffrindiau i gyd yn gweithio. Beth oeddwn i'n mynd i'w wneud? Dim byd! Roeddwn i'n teimlo'n ddiflas iawn!

"Wnei di fynd i brynu bara?" gofynnodd Mam.

"Iawn," atebais i. Doedd dim byd arall i'w wneud ac felly cerddais i i'r archfarchnad yn y stryd nesaf.

Ac yno, ces i syrpreis hyfryd. Yno, yn y ffenest, roedd hysbyseb fach ar bapur gwyrdd…

YN EISIAU …

Beth wyt ti'n feddwl o'r dechrau yma?
Sut mae'r awdur yn amrywio'r arddull?
Beth ydy effaith hyn?

Mae'n bwysig cael dechrau da i unrhyw ddarn o waith ysgrifenedig er mwyn:

- denu'r darllenydd – ennill diddordeb y darllenydd
- gwneud i'r darllenydd fod eisiau darllen ymlaen.

wnei di?	*will you?*	denu	*(to) attract*
amrywio	*(to) vary*	darllenydd	*reader*
effaith	*effect*	ennill	*(to) gain*

Darllena'r darnau yma. Brawddegau cyntaf rhai o'r storïau yn y gyfres Tonic ydyn nhw.

Ar ddiwedd pob darn, meddylia:

"Ydy'r darn yma'n gwneud i fi fod eisiau darllen y stori gyfan?"
Pam?
Beth ydy'r technegau mae'r awdur wedi eu defnyddio?

Darn 1
"Ble oedd hi?
Roedd Maria wedi addo bod tu allan i ddrws ffrynt y gwesty am ddeng munud i naw ..."
Sandra Morris Jones, *Sgam*, Cyfres Tonic, CAA, 2007, tud. 3

Darn 2
"Doedd Jac ddim wedi gweld gwn iawn o'r blaen! Ond rŵan, roedd dyn mewn balaclafa du yn pwyntio gwn at ben ei fam ..."
Llion Iwan, *Lladrad*, Cyfres Tonic, CAA, 2007, tud. 3

Darn 3
"Rwyt ti'n edrych fel iob," meddai Tom Jenkins. "Dwyt ti ddim yn iob, gobeithio?"
Gareth F. Williams, *Bethan am Byth*, Cyfres Tonic, CAA, 2007, tud. 3

Darn 4
"Roedd y lori'n gyrru'n gyflym tuag at y bws mini. Doedd John Roberts ddim yn gallu credu ei lygaid - roedd clown yn gyrru'r lori!"
Llion Iwan, *Dial*, Cyfres Tonic, CAA, 2007, tud. 3

Pa ddarn ydy'r un gorau ar gyfer dechrau stori? Pam?

cyfan	*whole*	iob	*yob*
o'r blaen	*before*	addo	*(to) promise*
gwn	*gun*	credu ei lygaid	*(to) believe his eyes*

Rhai technegau ar gyfer dechrau'n dda

Deialog

Gofyn cwestiwn neu gwestiynau

Ebychiad

Creu naws

Dweud rhywbeth trawiadol

Gair unigol

Disgrifiad trawiadol

tips

Rhaid i ti ddangos, yn y paragraff cyntaf, fod dy waith yn werth ei ddarllen!

Profiad personol

Meddylia am frawddegau da i ddechrau dy ddarn di am brofiad diddorol (tud. 27 a 33).

trawiadol	striking
naws	atmosphere
unigol	single
yn werth	worth

Ar ôl cael agoriad da, rhaid symud ymlaen, wrth gwrs, gan gadw llygad ar y cynllun. Paid â dechrau crwydro!

Rhaid i ti drefnu dy waith mewn paragraffau, gyda phob paragraff yn symud y gwaith ymlaen ychydig – fel rydyn ni wedi gweld o'r cynllun ar dudalennau 32-33.

Mae'n bwysig bod pob paragraff yn symud ymlaen yn naturiol.

Dyma rai geiriau allai fod o help.

Wyt ti'n gwybod beth ydy ystyr y geiriau yma? Os dwyt ti ddim, edrycha yn y geiriadur a dysga'r geiriau.

wedyn	yna ...
y diwrnod wedyn	
y noson wedyn	cyn bo hir ...
yr wythnos wedyn	
y flwyddyn wedyn	yn sydyn ...
cyn	ar ôl ...
cyn mynd	ar ôl tipyn / ar ôl ychydig
cyn i fi wneud hyn	ar ôl dod i mewn
	ar ôl i fi glywed hyn
yn nes ymlaen	yn ddiweddarach

o dipyn i beth   bob yn dipyn

ymhen hir a hwyr   o'r diwedd

fodd bynnag   serch hynny   yn anffodus

crwydro	*(to) wander*

Y diwedd

Fel rydyn ni wedi gweld, mae dechrau da'n bwysig, ond mae diwedd da'n bwysig iawn hefyd, wrth gwrs. Rhaid i ti geisio creu argraff ar y diwedd.

Dyma sut gorffennodd yr awdur y darn am brofiad siomedig.

> Roeddwn i mor siomedig! Cerddais adre'n araf, â 'mhen yn fy mhlu.
> "Wel?" gofynnodd Mam wrth i fi gerdded i mewn drwy'r drws.
> "Na, ches i mo'r swydd!" atebais i.
> "O! Hen dro!" dywedodd hi.
> Yn ddiflas dros ben, codais i'r ffôn a deialu rhif Lyn, fy ffrind gorau.
> "Wel?" gofynnodd hi.
> "Dim lwc" atebais i.
> "Wel, paid â phoeni!" dywedodd hi, "achos mae gen i syrpreis i ti. Mae Dad eisiau help yn y siop bob bore Sadwrn. Wyt ti eisiau'r gwaith?"
> O, gwych! Ffantastig! Grêt! Troiodd fy siom yn hapusrwydd yn sydyn. Roedd pethau'n dechrau gwella.
> Dim mwy o ddyddiau Sadwrn gwlyb a diflas i fi!

Ateba'r cwestiynau yma:

1. Beth wyt ti'n ei feddwl o'r diwedd yma? Pam?
2. Pam mae'r awdur yn dweud
   "Dim mwy o ddyddiau Sadwrn gwlyb a diflas i fi!"?

Mae diwedd da yn rhoi diwedd yr hanes, wrth gwrs. Weithiau, mae'n syniad da os wyt ti'n gallu adleisio'r dechrau.

creu argraff	*(to) create an impression*
hen dro	*hard luck*
adleisio	*(to) echo*

Mae gwaith yn gallu bod yn ddiddorol os ydy'r:

- cynnwys yn ddiddorol
- ffordd o ysgrifennu – yr arddull – yn ddiddorol ac yn amrywiol.

Sut mae ysgrifennu'n ddiddorol ac yn amrywiol?
Gwna restr o bosibiliadau.

Deialog

Mae deialog yn gallu gwneud y gwaith yn fwy bywiog, mae'n gallu cyfleu teimladau'n dda hefyd.

Cofia:

- ddechrau deialog ar linell newydd
- defnyddio " "
- atalnodi'n gywir.

Os wyt ti'n defnyddio deialog, bydd rhaid i ti ddefnyddio geiriau fel 'atebais', 'atebodd' ac ati.
Beth ydy ffurf gryno, person cyntaf (fi), y berfenwau yma, e.e. ateb > atebais?

dweud	crïo	sgrechian
gofyn	bloeddio	ochneidio
sibrwd	gweiddi	

Beth ydy'r ffurfiau cywir os oes person arall yn siarad (fe/fo / hi)?

amrywiol	*varied*
atalnodi	*(to) punctuate*
berfenwau	*infinitives*

Disgrifiadau

Mae disgrifio da yn gallu gwneud gwaith yn fwy diddorol.

Ond ...

SUT GALLA I DDISGRIFIO'N DDA?

Beth am ddefnyddio ...?

y pum synnwyr

ansoddeiriau da

adferfau

cyffelybiaethau

Profiad personol

Y pum synnwyr

Meddylia am y profiad diddorol rwyt ti wedi penderfynu ysgrifennu amdano (tud. 27, 33 a 36). Disgrifia ryw olygfa, gan ganolbwyntio ar beth rwyt ti'n gallu ei

- weld
- clywed
- arogli
- blasu
- teimlo.

synnwyr	*sense*
ansoddair, ansoddeiriau	*adjective,-s*
cyffelybiaethau	*similes*

Ansoddeiriau   Mae ansoddeiriau'n disgrifio.

Edrycha ar lun o berson. Rhestra'r ansoddeiriau sy'n disgrifio'r person yna. Nawr, ysgrifenna frawddegau.

Cofia'r treiglad meddal os wyt ti'n defnyddio'r ansoddair ar ôl "yn":

Mae e'n olygus.   **Mae hi'n ddel.**

Sylwa: bachgen tal   merch dal

Beth ydy'r rheol ar gyfer treiglo felly?

Defnyddia'r ansoddeiriau yma gyda'r enwau sy'n eu dilyn nhw yn y grid:

Ansoddair	Enwau			
tywyll	noson	diwrnod	ffordd	tŷ
diddorol	person	rhaglen	llyfr	gwers
diflas	gwers	diwrnod	noson	wythnos
cyffrous	digwyddiad	trip	taith	diwrnod
caredig	person	dyn	dynes / menyw	plentyn

Ceisia wneud banc o ansoddeiriau ar gyfer disgrifio gwahanol bethau, e.e.

- diwrnod / noson
- person
- lle, e.e. y wlad, y dref, stryd, ystafell ac ati

Ceisia ddefnyddio'r ansoddeiriau yma yn dy ysgrifennu personol, ond paid â defnyddio gormod chwaith! Rhaid i'r ansoddeiriau fod yn naturiol!

rheol   *rule*

Adferfau

Mae adferf yn disgrifio berf, e.e.

Cerddodd i mewn yn araf.   **Roedd hi'n dawnsio'n wyllt.**

Cofia'r treiglad meddal ar ôl "yn".

Defnyddia adferfau yn y bylchau yma:

Dysgu gyrru

Eisteddais i'n .... yn sedd y gyrrwr.
"Wyt ti wedi gyrru o'r blaen?" gofynnodd yr hyfforddwr.
"Ychydig," atebais i'n ....
"Beth am ddechrau'r car, 'te?" awgrymodd e.
Troiais i'r allwedd a dechreuodd y car symud yn .... cyn stopio eto.
Roedd yr hyfforddwr yn eistedd yn ....
"Beth am drio eto?" awgrymodd e'n ....

Ceisia greu banc o adferfau ar gyfer disgrifio sut mae rhywun yn:

- symud (e.e. cerdded yn ... rhedeg yn ..., gyrru'n ..., ac ati)
- siarad
- edrych

ac ati

Ceisia ddefnyddio'r adferfau yma yn dy waith ysgrifennu.

hyfforddwr	*instructor*
o'r blaen	*before*
allwedd	*key*

42

Cyffelybiaethau

Mae defnyddio cyffelybiaethau'n gallu gwneud darn yn fwy byw.

Y gair pwysig ydy "fel", e.e.

Dechreuodd y car symud i lawr y ffordd fel cangarŵ.
Roedd hi'n canu fel cath mewn poen.
Roeddwn i'n crynu fel jeli.

Beth am baratoi un neu ddwy o gyffelybiaethau a defnyddio'r rhain yn dy waith ysgrifennu, e.e.

Roedd pobman yn edrych fel …
Roedd hi'n braf fel …
Roedd hi'n oer iawn – yn oer fel …
Roedd y bachgen / y ferch yn edrych fel …

Dyma ymadroddion defnyddiol iawn:

fel petawn i   fel petai

fel taswn i   fel tasai

Neidiais i o'r car fel petawn i ar dân.
Gyrrais i fel taswn i yn y Grand Prix.

Edrychodd e fel petai e'n mynd i sgrechian.
Neidiodd hi o'r car fel tasai ei throwsus hi ar dân.

crynu	*(to) shiver*
pob man	*everywhere*
ymadrodd	*expression*

Cwestiynau a gorchmynion

Cwestiynau

Mae gofyn cwestiynau'n ffordd dda o amrywio arddull, e.e.

- cwestiynau mewn deialog – **Beth wyt ti'n wneud?**

- cwestiynau rhethregol – **Ble oeddwn i? Beth oeddwn i'n wneud yma?**

Mewn cwestiwn rhethregol, dwyt ti ddim yn disgwyl ateb fel arfer.

Gwna restr o gwestiynau rhethregol gallet ti eu defnyddio, e.e.

Beth ar y ddaear oedd yn digwydd?

Gorchmynion

Rwyt ti wedi bod yn dysgu gorchmynion ers blynyddoedd erbyn hyn. Wel, paid â'u hanghofio nhw nawr! Defnyddia nhw mewn deialog yn dy waith ysgrifennu.

Cofia hefyd am ...

rhaid   **dylwn i / dylai**

Mae'r rhain i gyd yn amrywio'r arddull ac yn gwneud y gwaith yn fwy diddorol.

gorchmynion	commands
anghofio	(to) forget

Ymadroddion Cymraeg

Beth am ddangos dy fod ti'n gallu creu naws Gymreig pan fyddi di'n ysgrifennu darn personol, e.e. drwy ddefnyddio ebychiadau ac idiomau Cymraeg? Mae hyn yn gallu creu argraff dda.

Ebychiadau

Mae ebychiadau'n ffordd dda o dynnu sylw, ac o amrywio arddull. Mae hyn yn gwneud y gwaith yn ddiddorol, e.e.

Nefi wen!   **Hen dro!**

Gwna restr o ebychiadau Cymraeg.

Idiomau Cymraeg

Mae'n siŵr dy fod ti wedi dysgu llawer o idiomau Cymraeg, felly beth am eu cynnwys nhw yn dy waith? Bydd hyn yn siŵr o greu argraff!
e.e.

ar fy mhen fy hun   ar bigau'r drain

cyn bo hir   crynu yn fy esgidiau

gorau po gyntaf   hen bryd   mynd o ddrwg i waeth

rhoi'r gorau i   yma ac acw

tips

Cofia gynnwys rhai o'r rhain yn dy gynllun rhag ofn i ti anghofio amdanyn nhw wrth ysgrifennu! Fydd hi ddim yn bosib defnyddio pob un, ond tria ddefnyddio rhai o'r idiomau mewn ffordd naturiol.

naws	*atmosphere*
tynnu sylw at	*(to) draw attention to*

Berfau

Fel arfer, byddi di'n ysgrifennu am y gorffennol. Felly, rhaid i ti wybod:

- y gorffennol cryno (e.e. **Clywais i...**)
- yr amherffaith (e.e. **Roeddwn i'n gallu clywed...**)

Efallai bydd rhaid i ti ddefnyddio'r gorberffaith hefyd (e.e. **Roeddwn i wedi clywed...**)!

tips

Galli di ddefnyddio'r presennol hefyd, os ydy hyn yn addas, e.e.

Yno, yn y bath, roedd corryn enfawr – y corryn mwya rydych chi erioed wedi ei weld. Mae'n gas gen i gorynnod ac felly sgrechiais i.

Dylet ti ddefnyddio'r ffurf gryno i ddangos beth ddigwyddodd, e.e.

Daliais i'r bws am hanner awr wedi wyth. Cyrhaeddais i am naw o'r gloch ac es i i mewn i'r disgo.

Defnyddia'r amherffaith i:

- ddisgrifio, e.e. **Roedd hi'n arllwys y glaw.**
- dangos teimladau, e.e. **Roeddwn i'n nerfus iawn.**
- dangos bod rhywbeth yn digwydd dros gyfnod o amser – neu efallai bod rhywbeth heb ddod i ben, e.e.

Roeddwn i'n cerdded i lawr y stryd pan neidiodd dyn allan o ddrws y siop.

tips

Gwna'n siŵr dy fod ti'n gallu ysgrifennu yn y ddau amser yma'n dda iawn.

y gorffennol cryno	the short form past tense
yr amherffaith	the imperfect
corryn = pry cop	spider
cyfnod o amser	period of time
dod i ben	(to) come to an end

Y gorffennol – y ffurf gryno

Beth ydy ffurf gryno person cyntaf unigol (fi) y berfenwau yma, e.e. gweld > gwelais?

gweld	gadael
clywed	cyrraedd
teimlo	dod
blasu	mynd
arogli	cael
	gwneud

Sut mae defnyddio'r rhain gyda **ni**?
Sut mae defnyddio'r rhain gyda **fe/fo** neu **hi** a **nhw**?

Mae treiglad meddal yn y gwrthrych sy'n dilyn y berfau yma, e.e.

Gwelais i <u>dd</u>yn yn neidio allan o ddrws y siop.

Rho wrthrych ar ôl wyth o dy ferfau di.

Profiad personol

Gan ddefnyddio'r berfenwau uchod, llunia frawddegau da ar gyfer ysgrifennu am dy brofiad personol (tud. 27, 33, 36 a 40).

gwrthrych	*object*
berfenwau	*infinitives*

Yr amherffaith

Roedd
Defnyddia'r ansoddeiriau yma gyda'r rhagenwau
fi, ni, fe/fo, hi, nhw:

ofnus	trist
nerfus	siomedig
hapus	crac / blin / dig

Fi
Roeddwn i'n ofnus.

Ni
Roedden ni'n ...

Fe/fo neu **hi**
....

Nhw
....

Nawr, defnyddia'r ymadroddion yma gyda'r un rhagenwau:

wrth (fy) modd
ar (fy mh)en (fy) hun

crynu yn (fy) esgidiau
gwneud (fy) (ng)orau glas

Fi
Roeddwn i wrth fy modd.

Ni
....

Fe/fo neu **hi**
....

Nhw
....

Beth ydy'r gwahaniaeth rhwng **Roeddwn i'n teimlo'n ofnus** a **Teimlais i'n ofnus?**

Profiad personol

Gan ddefnyddio'r amherffaith, meddylia am frawddegau da ar gyfer ysgrifennu am dy brofiad personol (tud. 27, 33, 36, 40 a 47).

gwahaniaeth	*difference*

Y gorberffaith

Mae'r gorberffaith yn ddefnyddiol os wyt ti eisiau cyfeirio yn ôl at gyfnod cyn cyfnod yr hanes, e.e.

Roeddwn i'n eistedd ar y trên yn edrych allan drwy'r ffenest. Roeddwn i wedi dal **y trên yn Wrecsam am chwech o'r gloch y bore yna a nawr …**

Roedd pawb yn dawnsio'n wyllt yn y parti. Roedden nhw **i gyd** wedi dod **â bwyd a diod gyda nhw ac felly, roedd y bwrdd yn llawn pethau blasus.**

Darllena'r brawddegau yma. Gan ddefnyddio'r amser gorberffaith, llenwa'r bylchau.

1. Roedd hi'n chwech o'r gloch yn y nos ac roeddwn i wedi blino achos … drwy'r dydd.
2. Roedd pawb yn y grŵp yn falch iawn o ennill y wobr achos … cyn y gystadleuaeth.
3. Roeddwn i'n siomedig iawn bod y llythyr heb gyrraedd achos roedd John … y diwrnod cynt.
4. Codais i'n araf achos roedd fy nghoes i'n brifo. … fy nghoes y diwrnod cynt.
5. Roedd y bobl yn adnabod y lle'n iawn achos …
6. Roeddwn i'n nerfus iawn yn ystod fy ngwers gyrru gyntaf achos doeddwn i ddim … o'r blaen.
7. Roedd y bobl ar lwgu achos … drwy'r dydd.
8. Doeddwn i ddim yn gwybod ble i fynd achos …

y gorberffaith	the pluperfect
y diwrnod cynt	the previous day
o'r blaen	before, previously
ar lwgu	starving

YSGRIFENNU'N GYWIR

Fel rydyn ni wedi gweld, mae'n bwysig amrywio'r ffordd rwyt ti'n ysgrifennu. Ond cofia hefyd:

> ## RHAID I TI GEISIO YSGRIFENNU'N GYWIR!

Dyma reol bwysig iawn!

Os dwyt ti ddim yn gwybod sut i ddweud rhywbeth, meddylia am ffordd arall o'i ddweud e!

Ar lefel syml iawn, os dwyt ti ddim yn siŵr sut i ddefnyddio **Hoffwn**, defnyddia **eisiau** yn lle, e.e.

> **Dw i eisiau mynd yfory. = Hoffwn i fynd yfory.**

Ac ar ôl gorffen ysgrifennu …

Cofia ddarllen drwy'r gwaith yn ofalus.
Gwiria'r:

- sillafu
- treigladau (e.e. ar ôl **am**, **i**, **o**; ansoddair ar ôl **yn** ac ati)
- atalnodi.

Oes rhywbeth yn edrych yn anghywir, ond dwyt ti ddim yn siŵr? Newidia fe os wyt ti'n gallu.

Mae llawer o ymarferion i dy helpu di i ysgrifennu'n gywir yn y llyfr *Golwg ar iaith**, yn y gyfres yma.

* Non ap Emlyn, *Golwg ar iaith*, CAA, 2007

Dyma enghraifft o ysgrifennu'n bersonol. Y dasg oedd ysgrifennu'n bersonol am ddigwyddiad diddorol yn ystod yr haf.

Dyma'r syniadau:

Y DAITH ADRE

Beth: Taith adre o'r gwyliau

Ble: Yr Eidal – mynd i'r maes awyr i ddal yr awyren; teithio yn y car

Pryd: bore Llun, Awst 21, 3.30 y bore

Gyda pwy / Efo pwy: Y teulu – Dad, Mam, brawd – John

Beth ddigwyddodd: Gweld golau ar y ffordd – gweld damwain; y ffordd wedi cau; Dad yn mynd i siarad â'r heddlu; Mam yn poeni am yr awyren; gweld dyn yn rhedeg yn ôl ac yn neidio i mewn i'n car ni a dechrau'r injan

Beth yn union wnaethoch chi / beth yn union ddigwyddodd: Y dyn yn neidio i mewn i'r car; Mam yn sgrechian; fi'n gweiddi; brawd bach yn crïo

Y tywydd: Poeth, bore braf iawn – 18 gradd am 3.30 y bore

Teimlo: Wedi blino, ddim yn deall, ddim yn ofnus ond yn flin

Disgrifiadau: Dyn mawr, ddim yn gallu gweld yn glir achos roedd hi'n dywyll

maes awyr	*airport*
awyren	*aeroplane*
damwain	*accident*
sgrechian	*(to) scream*

Dyma'r cynllun:

Beth?	Sut?
Dechrau da	Deialog Cwestiynau
Paragraff 1: • Manylion – ble, pryd	Lle, amser Wedi blino'n lân
Paragraff 2: • Edrych yn ôl dros y gwyliau	Roedden ni wedi … Mynegi barn Roedd rhaid i ni …
Paragraff 3: • Symud ymlaen - gweld golau	Bydda'n ofalus! Arafa! Beth sy'n bod, tybed? Disgrifio'r golau
Paragraff 4: • Dad yn mynd i siarad â'r heddlu	Problem – a dweud y gwir Chwarae teg Chwifio'i freichiau fel melin wynt
Paragraff 5: • Pawb yn symud – dyn yn dod i'n car ni	Yn wên o glust i glust
Diwedd da	Brawddeg i orffen y darn

chwifio	*(to) wave*
fel melin wynt	*like a windmill*
adleisio	*(to) echo*

Y DAITH ADRE

"Hei, beth wyt ti'n wneud?" gwaeddodd Mam.

"Stopia!" gwaeddodd fy mrawd bach. "Help!"

"Pwy wyt ti?" gwaeddais i.

Beth oedd yn digwydd?

Wel …

… roedd hi'n fore dydd Llun, Awst 21 – hanner awr wedi tri y bore! Roeddwn i wedi blino'n lân ac roedd John, fy mrawd bach, yn cysgu'n drwm wrth fy ochr. Roedden ni yn y car, John, Mam a Dad a fi, ac roedden ni'n mynd i'r maes awyr yn Florence i ddal awyren am hanner awr wedi saith. Roedden ni wedi bod yn yr Eidal am wythnos.

Roedden ni wedi cael gwyliau ardderchog. Roedden ni wedi mwynhau ar lan y môr. Roedden ni wedi gweld pethau diddorol. Roedden ni wedi bwyta pizzas … a pasta … a mwy o bizzas … a mwy o basta … a phob math o hufen iâ lliwgar a blasus. Gwych! Bendigedig! Ardderchog! Mae'r Eidal yn lle ardderchog ar gyfer gwyliau achos y bwyd a'r tywydd a'r golygfeydd – achos popeth. Ond nawr, roedd rhaid i ni fynd adre – yn anffodus!

Dyna pam roedden ni'n teithio ar y ffordd am hanner awr wedi tri y bore. Roedd hi'n gynnes iawn – tuag un deg wyth gradd Celsiws. Yn sydyn, clywais i Mam yn dweud,

"Bydda'n ofalus, mae golau glas yn fflachio ar y ffordd. Arafa!"

"Beth sy'n bod, tybed?" gofynnodd Dad.

Yna, gwelais i'r golau glas – a llawer o olau bach melyn ar ochr y ffordd. O na, damwain! Arafodd Dad y car … ac yna stopiodd e'r car tu ôl i res o geir eraill. Beth nawr? Roedd rhaid i ni fod yn y maes awyr erbyn chwech o'r gloch ac roedd y ffordd ar gau. Doedd dim llawer o amser gyda ni.

Aeth Dad allan o'r car i siarad â'r heddlu. Tipyn o broblem a dweud y gwir, achos dydy Dad ddim yn siarad Eidaleg yn dda iawn. Ond, chwarae teg, roedd e'n mynd i drio. Cerddodd e at grŵp o bobl oedd yn sefyll ar y ffordd a dechreuodd e siarad. Roedden ni'n gallu gweld ei freichiau'n chwifio fel melin wynt wrth iddo fe geisio egluro ein bod ni eisiau mynd i'r maes awyr.

| rhes | row, queue |
| egluro | (to) explain |

Yna, ar ôl pum munud, dechreuodd y grŵp o bobl redeg yn ôl at y ceir. Roedd yr heddlu'n mynd i agor y ffordd. Rhedodd dyn at ein car ni. Roedd e'n ddyn tal a chryf. Roedd e'n edrych fel petai e'n mynd i'r gampfa am ddwy awr bob dydd! Nid Dad oedd e'n sicr! Mae Dad yn fyr a dydy e ddim yn edrych yn heini iawn. Neidiodd y dyn i mewn i'r car a dechrau'r injan …

"Hei, beth wyt ti'n wneud?" gwaeddodd Mam.

"Stopia!" gwaeddodd fy mrawd bach. Roedd e wedi deffro nawr.

"Help!"

"Pwy wyt ti?" gwaeddais i.

Troiodd y dyn y golau ymlaen yn y car. Edrychodd e ar Mam. Edrychodd e ar John ac edrychodd e arna i. "O, Mamma mia," dywedodd e. Agorodd e'r drws a neidio allan yn gyflym. Roedd Dad wrth y car erbyn hyn. Beth wnaeth e? Gweiddi ar y dyn? Na. Safodd e yno am funud, yn wên o glust i glust, ac yna dechreuodd e chwerthin … a chwerthin … a chwerthin. Dechreuon ni chwerthin wedyn hefyd.

Roedd y gwyliau wedi bod yn ddiddorol iawn – ac roedd y daith adre'n eitha cyffrous hefyd!

Mae'r darn yn sôn am ddigwyddiad go iawn, ond mae'r awdur wedi newid rhai pethau.

Dyma beth ddigwyddodd go iawn:

Y DAITH ADRE

Beth: Taith adre o'r gwyliau

Ble: Yr Eidal – mynd i'r maes awyr i ddal yr awyren; yn y car

Pryd: bore Llun, Awst 21, 3.30 y bore

Gyda pwy / Efo pwy?: Y teulu – Dad, Mam, chwaer

Beth ddigwyddodd: Dad yn stopio'r car achos ei fod e wedi gweld damwain; Dad yn mynd i siarad â'r heddlu – yn Saesneg; gweld Dad yn rhedeg yn ôl tuag at y rhes o geir ac yn neidio i mewn i'r car oedd tu blaen i'n car ni; Dad yn sylweddoli ei fod e yn y car anghywir, yn dod allan o'r car ac yn dod yn ôl i'n car ni. Pawb yn chwerthin.

Beth yn union wnaethoch chi / beth yn union ddigwyddodd: Chwerthin

Y tywydd: Poeth, bore braf iawn – 18 gradd am 3.30 y bore

Teimlo: Yn hapus

Sut mae'r awdur wedi newid y digwyddiad gwreiddiol? Pam?
Sut mae'r awdur wedi gwneud yr hanes yn fwy byw?

Dyma gliw i ti: edrycha yn ôl drwy'r llyfr yma!

gwreiddiol	*original*
sylweddoli	*(to) realise*

Profiad personol

Rwyt ti wedi bod yn paratoi ar gyfer ysgrifennu darn am brofiad personol. Beth am ysgrifennu'r darn nawr?

Cofia ddefnyddio'r technegau yn y llyfr yma.

Dydy hi ddim yn bosib cynnwys popeth sy yn y llyfr yma ym mhob darn o waith ysgrifennu, wrth gwrs, ond ceisia ddefnyddio rhai o'r syniadau.

Ceisia ddangos beth rwyt ti'n gallu ei wneud yn Gymraeg!

POB LWC!